AF354298

Soms is vriendschap het hevigst in witregels

Mette Bakker

Nicole des Bouvrie

gedichten
2005-2006

De vriendschap

Ze stuurt me mails en kaartjes. En af en toe stuur ik ook
wat terug. Het is ook zeker niet dat ik geen contact wil.
Haar leven intrigeert me zoals het ook toen deed. Toen we
elkaar nog maar net kenden. Hoewel het nooit nieuw is
geweest voor mijn gevoel.

Maar toch. Toch herinner ik me de dagelijkse gedichten
die we elkaar schreven in 2005, 2006. Misschien was dat
voor mij wel de meest bijzondere connectie met iemand
die ik ooit heb gehad. Dat je niet zozeer voor die ander,
maar toch iets schrijft omdat je weet dat die ander het zal
lezen. Niet voor faam of erkenning, maar in vriendschap.
Dat ik over witte schapen en pannen met kippenpoten
kon schrijven zonder dat het uitgelegd hoefde te worden,
omdat de vorm die we hadden gekozen alles al zoveel
betekenis gaf als het kon hebben. Beschermd voor
wissewasjes en zout op slakken.

Het is nu tig jaar later. En ik vraag me af waarom de
afstand Nuenen–Amersfoort zo groot lijkt. De afstand of
de angst dat er eigenlijk in wezen niets te zeggen valt. Een
drogreden. Een slappe doek die muf ruikt omdat hij
ongewassen onder de kast heeft gelegen. Maar ik durf dus
eigenlijk gewoon niet. Omdat ik dan allerlei dingen ga
vertellen over wat me nu bezighoudt. En daar wil ik het
best over hebben, maar alleen als het dan ook echt ergens
over gaat, over de grote dingen die ik altijd met haar kon
delen. En niet over het dagelijkse ongemak en de
frustraties, want daar kom ik zelf wel uit.

Soms is vriendschap het hevigst in stilte.

Nicole
26 Januari 2019

ik vind ons proces fascinerend, onwennig en een beetje
eng.

Mette
20 December 2005

Ze zei, dat ik een kunstenaar ben
en misschien is dat ook wel zo
ik ga immers naar de wc alleen als ik echt moet
ik groet mensen het liefst enkel met een knik
en ik was alleen mijn handen als het me goed doet

Ze zei, dat ik een kunstenaar ben
en waarschijnlijk is dat ook wel zo
ik loop bewust met op de grond mijn beide voeten
ik gebruik de woorden die bij mijn gedachte passen
en ik draag niet per se de dingen die zouden moeten

Ze zei, dat ik een kunstenaar ben
en dat is eigenlijk ook zo
ik creëer de werkelijkheid door het te ervaren
ik leef het leven zo dat ik doe wat gedaan moet worden
en ik onderga de dingen die ik niet kan verklaren

Nicole
10 november 2005

Leven is niet zo moeilijk
je kunt gewoon met een sneeuwbal in je hand
grijnzen naar de mensen

Mette
3 maart 2006

Verborgen engelen

Moeten we naar zolder
dan staat een grote doos daar
zorgvuldig weggestopt
maar vaak versleept

De pieken en de slingers
de klokken en het vuur
wie weet verborgen
engelen of
gebroken spiegels

De dennengeur drijft ons naar zolder
de poedersneeuw
dan staat die grote doos daar

De pegels en de vlammen
de glitter en de schijn
alles haastig ingepakt
en geen idee
wanneer het kerst is

Mette
27 februari 2006

Winterlandschap

Er rollen schaapjes over de weg
met een dikke witte wintervacht
oortjes naar buiten gedraaid
om de wind te horen razen
ronde voetjes in een laagje zwart leer
door de natte sneeuw ploeterend
soms toeteren ze naar elkaar
of kijken ze samen naar rode lampjes
ik heb nog nooit zoveel schaapjes gezien
ze houden van sneeuw
denk ik

Nicole
5 maart 2006

Ik boor mijn rug in de kiezels
en adem

"Ik kon het niet laten
het trok aan mijn haren"

Het universum deint zacht
slapend kan ik het minste kwaad

Mette
16 maart 2006

Winterse droevenis

De takken buigen onder het zwaar gewicht
het opgehoopte water klontert samen
terwijl met een enkele schudbeweging
de boom weer rechtop zou kunnen staan
maar in de diepste droefenis gehuld
wordt goede raad nooit nageleefd
en nestelt de koude zich enkel verder
gelukkig ben ik er, om je wakker te schudden

Nicole
5 maart 2006

In het gedicht der dingen
Is er geen jij
En geen ik

Soms slechts een bil
Of een hand
Die een deur ophoudt

En het nazwiepen
Voor altijd

Mette
2 Maart 2006

Al tollend
stevig vasthoudend
op het ritme van de tonen
draai je je gedachten uit
zie je niets meer dan de lach
van degene die je vasthoudt
de rest wordt wazig
en dan verlies je de zwaartekracht

Nicole
9 maart 2006

Wisselspanning

De nacht trekt
zijn deken over de stad
lampen gaan aan
de wereld ontwaakt

In de keuken - twaalf uur 's nachts
een man wast dertig kippenpoten
rijst wordt opgewarmd - magnetron
en weer een laagje vuil voegt zich toe

In de straten - twaalf uur 's nachts
een man rookt een peuk
gras groeit langzaam naar de maan
en weer een laagje vuil voegt zich toe

In de kamers - twaalf uur 's nachts
een man heeft zijn vrouw lief
de radio is even stil
en weer een laagje vuil voegt zich toe

Dan smijt de dag
haar licht de wereld in
gordijnen sluiten zich
mijn bed lonkt – welterusten

Nicole, met aanpassingen van Mette
20 maart 2006, aanpassingen 12 juli 2010

Ik herinner me nog
vorig jaar
jij was al jij
en ik was al ik
maar dat wisten we nog niet

Ik herinner me nog
hoe komt het
dat het is zoals het is
jij jij, ik ik
en nog steeds weten we even weinig

Herinner jij je nog
dat we toen
hoe typisch het was dat
de eerste keer
en beiden weten we het anders

Herinner jij je nog
volgend jaar
jij steeds meer jij
ik hopelijk nog meer ik
tot dan

Jij is Mette
Ik is Nicole
Hoewel ook anders te lezen
is het vriendschap in zijn eenvoud
op zijn best
voor mij.
voor jou.

Nicole
20 maart 2006

geen inhoudelijke reactie is prima. ik weet toch niet of het
waar is wat ik schrijf, voorlopig.

29

Mette
8 maart 2006

Ik vond het leuk je even te zien.
Het was inderdaad kort.
Leuk dat je feestje gezellig was.
Ik was er graag bij geweest.

Mijn galajurk is de 24e klaar.
Je kunt hem ook een dag later ophalen.
Dat maakt verder niet uit.
Fijn dat je hem wilt ophalen.

Bij de jurk zit een stola.
Die heb ik vrijdag niet meegenomen.
Zou je even willen checken of die bij de jurk zit?
De stola is van dezelfde stof als de jurk.

Misschien dat je m´n mailtje dat ik vrijdag heb gestuurd
nog niet gelezen hebt.
Maar is het gelukt met het ophalen van m´n jurk?
Misschien is er ook wel iets fout gegaan met versturen.
Dat je hem gewoon nog niet gekregen hebt.
Maar even voor de zekerheid.
Dan kom ik hem zo spoedig mogelijk ophalen!

Super dankjewel!
Dan bel/mail ik je deze week wanneer ik hem kom
ophalen.
Zit de stola erbij?

Mette
26 maart 2006

Voedzame dromen

Geniet je van de kruimels in je bed?
Snoep je de resten van wat eens een feesttaart was?
Schuurt het, kruipt het tussen je tenen?

33

Mette
8 maart 2006

De tafels hier zijn zo gemaakt
dat je je een enorm monster waant
zelfs als je verschillende laagjes
ter isolatie van je af pelt
en je wringt tussen blad en vloer
been persend en armen binnenhoudend
om in slaap te vallen

Nicole
15 maart 2006

Bedankt dank je bedankt

Ik weet dat je op reis bent
Dat je zwaait
omkijkt
zwaait omkijkt
steeds kleiner wordt

Dan komen de kaartjes
Ik lees ze vluchtig
stop ze weg
lees ze vluchtig
stop ze weg

Als ik steeds kleiner word
lees ik ze weer maar denk
terwijl ik omkijk
dat was vroeger
nu ben je op reis

Dus ik schrijf terug
weet je nog
je zwaaide
weet je nog
je schreef

Maar jij bent weg

Mette
27 maart 2006

Nicole, nicole, leef je nog?
Ik ben zo mij bij jou.

39

Mette
29 mei 2006

Ze komt wat aangedaan
verwachtingsvol gekreukt

Jij grapt in eiwittaal
geeft haar een draai
ze vouwt zichzelf

Ik neurie zacht
voor jou
bewijs dat ik het ritme weet
het DNA, het levenslied
maar ik kan zo niet draaien

Mette
12 maart 2006

Het was geen droom
het was echter dan de dag
het was twaalf uur 's nachts
ik liep door de stad
kruiste haar midden door
en alles was stil
geen vogels
geen auto's
een enkele mens met hond
twee mensen met een ijsje

En ik bleef net zo lang
totdat de lichten van het pompstation
voor mijn ogen uit gingen

En ik liep midden op de weg
zonder duizend maal dood te gaan
en daar zag ik jou
je viel van honderd meter hoog
en je schaduw was net zo lang
als dat je viel

recht voor mijn voeten ging je liggen
en ik pakte je op en nam je mee
naar mijn kamer en daar lig je nu
gered

Nicole
27 maart 2006

een weekheid
waarvan je je afvraagt
of het bij jou hoort

waarvan je bang bent
dat als je het weg schraapt
je een deel van jezelf meeneemt

zo'n laagje op je tanden

Mette
30 maart 2006

Ze maakt een buiging in de leegte
Knoopt mijn jasje los
Met het jasje op haar armen
Kijk ik mijn spiegelbeeld

Als jij hier was dan moest je me
Verplicht mijn tranen
Houden de hele nacht
Dan zou ze stiekem sterven

Dans met mij maestro
Het is zuipen of de torenkraan

Want wie het ook is
De snot in mijn mond
De pen in mijn hand
Ik ben het niet

Mette
8 April 2006

lieve Mette
schijnt de zon daar
zoals hier voor mij?
is de diepte net zo laag
zijn je tranen net zo nat
is het bier net zo waterig

doe je jas uit
huil tot je niet meer kunt
en sterf, zachtjes
een andere dag...

Nicole
8 april 2006

Ik heb altijd gedacht
Dat ik jong zou sterven
Dat kan nog steeds
Dat zie ik wel

Zo voorbij Lelystad
Langs de dijk
De windmolens
Mijn vader op de achterbank

Later
Het is slechts de binnenband die lucht bevat
Griezelend verwijder ik de haren uit het doucheputje

Tot dusver is alles onomkeerbaar

Mette
31 maart 2006

Ga jij een film maken
over mijn leven, later
als ik dood ben?

En zul je dan ook goed filmen
hoe ik de bomen waaien zag
de straat tot leven komen
het vlees sudderen
en mijn handen oud?

Nicole
5 april 2006

mocht ik ooit mijn verstand verliezen
wil ik als tuinman ergens tuinieren
regel jij dat dan?
55

Mette
3 mei 2006

Weet je wel hoezeer het belangrijk wordt
als men een biografie wil schrijven
over mij
dat ze jou kennen?

Dat was even een gedachte tussendoor.
Ik denk aan de levens van de Grote Dichters
ze hadden allen vrienden, inspiratie
mensen om te praten over Belangrijke Zaken

En dan, mogelijkerwijze, what if
wie ben ik dan, en wie ben jij
ben jij of ik de figuur in de schaduw
wie zal dat ooit kunnen bepalen?

Nicole
17 mei 2006

Ik ga, zei ze
ga je mee?
Ik, zei ze
is goed
waarom niet
en spontaan als ze was
één zakje op de rug
sprong ze voor de trein
Goede reis
zei zij haarzelf

Nicole
18 mei 2006

Dat heb je met zo'n boek
Je stapt er in
Zwiert het als een hoepel omhoog
Tis wat een gehannes met de mouwen
Maar het past nog wel

Mette
13 mei 2006

Zoals een broek niet zit
als hij te klein is
en muziek niet klinkt
als het
achteruit speelt
zo schrijft het niet
als je er nog in zit
maar wat doe ik dan
vijf uur in één trein?

Nicole
10 april 2006

Zou jij,
zou ik,
ooit het leven kunnen delen,
met iemand
die geen gevoel bij woorden heeft?
Die het fenomeen schrijven niet
zoals ik
zoals jij
be-leeft?

Nicole
30 mei 2006

Bubbel

De wind vangt mijn rok. Ik merk dat jij mij opmerkt.
Hallo. Hallo. Ga je mee vliegen? Oké. Ik pak je hand en
begin te rennen. "Je bent te zwaar."

Je ogen glinsteren in de zon. Hoewel je zou kunnen
denken dat ik gek ben, doe je dat niet. Je weet niet wat te
zeggen. Ik heb niets te zeggen, begin te lachen. Je kijkt
nog onthutster. Ik laat de wind mijn rok weer vangen. Ik
sta op het punt weg te vliegen, jij pakt mijn hand. Ik neem
je andere hand en begin te dansen.

Ik hou van jou.

Ik hou ook van jou.

Nicole
17 mei 2006

De vogels en de wind door mijn gordijnen
Het is er weer nu ik je woorden las
Want weet je dat het zomaar doet verdwijnen
De scherpe grens, van zon en schaduw, die er was

Mijn oren mogen mee op reis
Met wolken groeiend door het glas
Klampen ineen, worden weer zee, en ijs
Ik ben de wereldplas!

En zachtjes drup ik binnen
In mijn bureaulamplicht
Nog steeds omringt door zinnen

Maar zo door jou verlicht
Mag ik opnieuw beginnen
Bedankt voor je gedicht

Mette
18 mei 2006

Geen gedicht; Een opstapje

Dat het gewoon een verhaal is
en dat er wel een vraag in zit
die je niet mag beantwoorden
maar ook zeker niet negeren mag
Je snapt het

Je bent een grootbegrijper zeg je
Ik rol mijn voeten voor je af
Is dat een uitdrukking?
Nee je zei laatst dat ik zo erg stampte

Mette
30 september 2006

Wist je dat schapen altijd in de hemel zijn?
Als ik ooit zou moeten reïncarneren,
laat mij dan een schaap zijn.
Lopend met je poten tussen hoog staand gras
eindigend als een shoarmabroodje.

Nicole
5 oktober 2006

schafttijd

wij tweeën op de grond
de gaskachel snort zacht

je moeder doucht de hond
die kuilen heeft gegraven

je vader boent de buizen
straks achter het fornuis

het leven is verhuizen
tsjee, en boven drie kamertjes

Mette
8 oktober 2006

Dat je zo stilletjes op mijn bed zit te zijn
En de zekerheid dat je nu weg bent
Rondloopt
Bent
Terugkomt

Jij bent de achterwacht
Je hoeft me niet te zien
Maar ik weet dat je bent
Dus als ik huil
Als ik

Jij bent de achterwacht

Mette
4 maart 2006

9 789083 016412